I0462341

Goor in de bocht

Een wieg kan maar op één plaats staan,
de mijne stond in Goor.
(Hannie Rouweler)

De aarde van Goor ademt leven.
(Herman De Leeuw)

Cover: Stichting Historisch Goor

Uitgave: 2019
ISBN: 978-0-244-74452-6

Demer Uitgeverij
www.lulu.com/content/23270595

Goor in de bocht

schrijvers en dichters
over
Hof van Twente

Demer Uitgeverij

Inhoudsopgave

Inleiding: Hannie Rouweler

INLEIDING

Zaterdag, 11 augustus 2018, is een memorabele dag voor mij geweest en heeft rechtstreeks te maken met het ontstaan van deze bloemlezing gedichten en verhalen over Goor. Ik werd van huis opgehaald met de auto door de familie Schuiling in Leusden -dochter, man en twee kinderen- voor een reisje naar Goor.

Ik had al maanden tevoren bekend gemaakt, dat ik de kleinkinderen kennis wilde laten maken met mijn geboortestad, en dat we naar mijn broer Johan en zijn vrouw Marian zouden gaan, die ons mee zouden nemen, sightseeing in Goor, het r.k. kerkhof aan de Iependijk, het ouderlijk huis aan de Deldensestraat, daarna naar het Zeldam, boerderij Rietjans, waar mijn moeder is geboren.
Het was een indrukwekkende dag, die vele sporen naliet. Zo'n mooie zomerdag in Twente gaat niet in je kouwe kleren zitten en de beelden lieten intense indrukken na. Goor heeft m.i. de schoonheid van het landelijke Ootmarsum en de bedrijvigheid van Enschede, weliswaar kleinschalig dan.

Om vorm te kunnen geven aan dit poëzie- en verhalenproject heb ik eerst telefonisch contact opgenomen met dhr. E.A. Spoor, inmiddels hoogbejaard. Hij bracht mij op de hoogte van het bestaan van de website van de Stichting Historisch Goor waarop prachtige afbeeldingen te vinden zijn van de geschiedenis van dit stadje. Vervolgens vond ik via sociale media ter plaatse twee aardige mannen, Henk Eeftink en Gerard Waanders, bereid mij verder te helpen met namen van schrijvers en dichters en eventuele geschikte onderwerpen.

Een oproep op facebook en een mailing naar bevriende dichters, die ik inmiddels langere tijd ken, brachten de bloemlezing werkelijk op gang: met enthousiasme lieten ze weten een gedicht of kort verhaal te willen schrijven. Enkelen komen uit Goor, de meerderheid daarbuiten. Sommigen waren nog nooit in Goor geweest maar zagen dat niet als een belemmering. Ze zouden zelf de moeite nemen meer kennis te vergaren en te zien wat hen aanspoorde of inspireerde tot het schrijven van een gedicht of kort verhaal.

De gedichten en verhalen variëren qua vorm en inhoud en zullen menig hart beroeren of sneller doen kloppen. Een kennismaking met het oude vertrouwde en met het nieuwe en onbekende.

Een telefoongesprek met Jan Hulsegge bracht mij op het idee ook enkele gedichten in het dialect op te nemen. Daarnaast kon hij mij overtuigen van een bijzonder verhaal dat naar de tweede oorlog verwijst, zodat dit ook is opgenomen.

In deze bundel treft u een waaier van verzen en ultrakorte verhalen aan over Goor van vroeger en van nu. Een vrij groot deel bestaat uit bijdragen van ondergetekende, omdat ik al eerder en langere tijd schrijf over mijn jeugdjaren in Goor, herinneringen aan dit stadje waar ik tot mijn 20e jaar heb gewoond totdat ik naar Amsterdam vertrok. In 2002 en 2003 woonde ik weer, korte tijd, in Goor.

Ik dank allen voor hun inzet en bijdrage.

Veel leesgenoegen,
Hannie Rouweler
(samensteller)

Leusden, 2019

MARION SPRONK

Vondelstraat

in de Vondelstraat werd zij geboren
onze jongste dochter
rust en ruimte waren hier
op de akkers, twee straten verder
bloeide rijkelijk kamille

al het verkeer wrong zich nog
door de Grotestraat
het jaarlijks school en volksfeest
verbroederde iedereen

BEN BOS

Wat voor ons het School en Volksfeest betekent

Geboren achter Het badhuis, mijn ouders woonden daar bij mijn opa
en oma in. Mijn opa en oma waren de beheerders van Het badhuis. Ik
heb maar kort in Goor gewoond, omdat mijn ouders een Drukkerij en
boek- en speelgoedwinkel in Diepenheim hadden overgenomen.
We gingen elk jaar naar Het Schoolfeest. Het eerste jaar in de kinder-
wagen naar de optocht en de tent. De jaren erna gingen we 's morgens
naar de Lindelaan, waar mijn opa en oma naartoe waren verhuisd. Na
de optocht naar de Schoolfeestweide.
Ik kan me nog goed de eerste keer van het meedoen aan de optocht
herinneren. Met de padvinderij als kabouters verkleed door Goor, wat
een belevenis.
Vanaf +/- mijn 15e heb ik Het Feest anders beleefd. Samen met
vrienden naar de weide, naar de kermis en de tent. Stiekem bier
drinken. Voor onderdak zorgen ging meestal makkelijk, je kon altijd
wel bij iemand slapen. We hebben er heel wat afgefeest.
Op mijn twintigste vertrok ik naar Amsterdam. In mei begon het
meestal te kriebelen, de weekeinden wat vaker naar mijn ouders. Even
kijken bij Het wagenbouwen. Het was jammer dat je niet aan alle voor-
bereidingen mee kon doen. In Amsterdam bereiden we ons wel voor
met een stel uit Goor. O.a. Jan Groothengel (hij deed mee met de
Rellie), Arno de Lat, Wim Lemstra enz.
In 74 kwam ook Hanneke naar Amsterdam. Het jaar dat ook de
aanloop naar het 100 jaar School en Volksfeest begon. Iedereen wilde
zich kleden naar de mode van 100 jaar geleden. Zelf maken of wat
proberen te vinden. We hebben wat pakken bij het Waterlooplein
opgescharreld.

In Goor moest de Stoetenbrugge opnieuw worden gebouwd. Hier werd het schilders gilde voor opgericht. Ze gingen voor indrukken naar Amsterdam. Bij café Old Sailer hangt nog steeds een vlaggetje met het wapen van Goor als aandenken van hun bezoek.

In 1989 werd Hanneke gevraagd voor de jury van de optocht, dat heeft ze 25 jaar met plezier gedaan.

Het jaar erop was het de eerste keer en hopelijk de laatste keer dat we het Schoolfeest hebben gemist. Dat jaar waren we voor een unieke schilderreis naar China.

We wonen al jaren niet meer in Goor, maar het School en Volksfeest blijft ons elk jaar weer trekken.

Voor ons begint de aanloop naar het feest met de site in de gaten te houden en vast wat sfeer te proeven. De laatste zaterdag van mei naar Goor. De open dag in de loodsen, om te kijken naar het bouwen van de wagens en vast een indruk voor de optocht op te doen. Even bij de Rellie sfeer snuiven en natuurlijk even bijpraten met bekenden.

Op 1 juni de Schoolfeest vlag uit. De meeste bewoners bij ons op het plein weten onderhand wel, dat er niet iemand geslaagd of jarig is, maar dat we binnenkort een lang weekend naar Goor zijn.

Op donderdag begint voor ons het feest. Auto inpakken, hond en katten onderbrengen en op naar Goor. We bivakkeren het weekend altijd bij zwager en schoonzuster Adolf en Maria Koster in de Kerkstraat. 's Avonds op naar de tent. De eerste dag is het even wennen, je herkent niet zoveel mensen. Aan het eind van de avond gaat het al stukken beter, Adolf kent zo ongeveer heel Goor en zij hem. Vrijdagmiddag naar het borreluurtje, meestal net even te lang. Je spreekt zoveel mensen die je alleen met Schoolfeest ziet. Daarna samen ergens wat eten. Later nog even naar de tent of naar een café.

Zaterdag eerst naar de kinderoptocht kijken, daarna naar de tent om het Apollo feestje mee te maken. Een spektakel waar menige gemeente jaloers op is. Lekker luisteren en genieten. Bijpraten onder het genot van een pilsje of wat. Daarna uitblazen, wat eten en nog even naar een café.

Zondag naar de opstelling, je kunt alles even goed bekijken. Alvast gokken wie de prijzen winnen.
En om 1 uur begint het spektakel echt, de optocht zet zich in beweging. Er is erg veel belangstelling voor dit gebeuren. De muziekkorpsen, de groepen, de wagens en als laatste de Rellie. Ik probeer het wel eens uit te leggen, maar mensen snappen het pas als ze het live zien of via YouTube.
Even uitblazen, met de kinderen en kleinkinderen naar de kermis. Ze komen ook regelmatig.
's Avonds naar de prijsuitreiking, daarna even koffiedrinken, omkleden en op naar de tent om te gaan helpen achter het schap. Een belevenis op zich. Hard werken, maar o wat een plezier.
Maandagmiddag weer naar huis. En weer een jaar wachten op het mooiste feest van Nederland.

HANNEKE BOS

Goor in de bocht

Ik was 15 of 16

Lekker dwars,

Ging helpen bij het bouwdorp

Schilderde er spandoeken,

Vergaderen in Pand3,

Goor In De Bocht

was geboren!

Nacht van Goor,

Lauw bier, ijsblokjes brachten redding.

Wat een feest was dat!

E8, Dolf -mijn broer- met flesje lauw bier nog in de hand,

Uitbrander van Rieki achter de bar:

Dolf,

ikkomtochoknitmeteenbankstelvanHoekonderdearmbieoeindewinkel?

Hengelo's Bier dronken we toen.

DRIE MANNEN OP HET PERRON

De trein komt aan, de trein vertrekt,
drie mannen op een bank op het station.
Ze trokken beurtelings de zware hendels
omhoog omlaag -
het dreunde door de straten van Goor.

Ik hoor nog het gerinkel bij de spoorwegovergangen.
Horen en zien verging als puffend de trein voorbij
kwam met in zijn kielzog een wolk walm en stoom.
Ik was tien en mijn verbeelding sloeg op hol, waarheen.

Maar nu is het stil op de perrons. De laatste passagiers
zijn allang uitgestapt. De mannen rusten uit, met de klok,
het is tijd niet meer voor het ronde bord omhoog van vertrek
maar voor het schrille fluitje dat je soms in de verte hoort.
Op de muur hangt nog de foto van die vrouw in zomerjurk.

THREE MEN ON THE PLATFORM

The train arrives, the train leaves,
three men on a bench at the railway station.
They, in turn, pulled the heavy handles
up down -
it boomed through the streets of Goor.

I still hear the clanking at the railroad crossings.
Hearing and seeing was like going bananas as a puffing train
came with a cloud of smoke and steam in its wake.
I was ten and my imagination ran wild, whereto.

But now it's quiet on the platforms. The last passengers
have long since stepped out. The men are resting, with the clock,
it is no longer time for the round sign up of departure
but for the shrill whistle that you sometimes hear in the distance.
On the wall is still the picture of that woman in summer dress.

SELMA HOEK

In een kuil onder de grond, WO II

Anderhalf jaar lang heeft mijn vader (Izak), samen met zijn ouders, zus (Diena), broer (Dries) en schoonzus (Corrie), in een kuil onder de grond geleefd, in Markelo bij De Hulpe.
Zij hoorden bij elkaar en wilden bij elkaar blijven en er was op dat moment geen andere mogelijkheid dan dit hol in de grond.
Dat was in 1943. Izak en Dries hadden vanaf 1942 al op verschillende plaatsen ondergedoken gezeten, zowel op de hooizolder van boerderij Stoevelaar, als bij boer Keuper in Hengevelde.

Dries en zijn vrouw Corrie hadden eind november een zoon gekregen. Toen de situatie voor hun te gevaarlijk werd, werd met behulp van dokter Vrijman hun zoon naar de nonnen in Delden gebracht. Dokter Vrijman vervoerde hun zoon in zijn dokterstas.

In 1943 werd met hulp van een vriend van de familie, Jan Embsink, een kuil gegraven van 4 bij 2 meter en ongeveer 1.5 meter diep. De kuil werd afgedekt met stro en zand en de ingang was verdekt.
Er werd een aparte kuil gegraven waar zij hun behoefte konden doen. Overdag konden zij niet naar buiten. Een enkele keer konden zij hun handen wassen. Breien en lezen was wat zij overdag deden, iets anders was niet mogelijk.
Jan bracht hun het eten dat door mevrouw Jeukens uit Goor werd verzorgd.

In januari 1944 werd het 2de kind van Dries en Corrie verwacht. Omdat dokter Wanrooy een ongelukje had gehad, vroeg hij dokter Hamminga, uit Laren, naar de kuil te gaan voor de bevalling.
Om 6 uur 's morgens werd de baby geboren.

Enkele uren later werd met behulp van dokter van Wanrooy en politieagent Van Hemert, de baby naar het ziekenhuis in Hengelo gebracht. Later werd hij door de familie Höften uit Almelo opgenomen. Hier verbleef hij tot het einde van de oorlog.

Omdat er veel mensen in het bos nabij de kuil kwamen om er lelietjes-van-dalen te plukken, werd er aan de andere kant, wederom met behulp van Jan Embsink, een andere kuil gegraven. Echter in 1944 werden zij daar toch weggestuurd door een boer die NSB-er was. Diena, die ernstig ziek was, werd bij de familie Jeukens ondergebracht, waar zij in december 1944 is overleden.
De familie kon niet meer samenblijven en werd naar verschillende plaatsen in Twente gebracht, waar zij tot het einde van de oorlog verbleven.

Na de oorlog ontmoette mijn vader mijn moeder. Ook mijn moeder had enkele jaren in de oorlog in een kuil in de grond geleefd met haar familie in Valthe, bij Emmen.
Zo bijzonder dat zij deze oorlog op deze manier hebben overleefd, dankzij de hulp van velen.

Zowel in Markelo als in Valthe staat nu een monument.
Voor mij zijn dit hele bijzondere, gedenkwaardige, plaatsen.

De zinloosheid
(bij een oorlogsbeeld, Goor)

Goor heeft de flitsen
en kogels gezien en gevoeld.
Ze hebben het niet naverteld.
In haar aarde hebben ze
de liefdes begraven, de kinderen
neergelegd. De moeder schreit
om dit zinloos verlies. De straten
zijn leeg, de huizen vol verdriet.

Het gras werd weer groen,
de straten met bomen beplant,
de kinderen weer hoop gegeven.
De hemel klaart op en er vliegen
weer vogels over de tuinen
waarin kinderen onbekommerd
spelen en een nieuwe morgen zien.
De aarde van Goor ademt leven.

Station Goor

elke dag door weer en wind
naar het station in Goor
de trein reed hem naar Enschede
want daar was zijn werk

jaar in jaar uit ging dat zo
behalve met vakanties
gezichten raakten heel bekend
die gingen óok per spoor

éen keer, op oudejaarsdag
was hij in slaap gesukkeld
met een schok werd hij wakker
bij het eindpunt Zutphen

JAN HULSEGGE

Terugge in Goor

Joar'n binne wie weg ewes, iet weet wal hoe dat geet,
Ie trekt de wiede wearld in, al dut dat mooder ok verdreet.
Op een aander is ut grös aait greuner dan bie ut hoes
En ie wodt vaak völ te laate wakker oet den roes.

Ma noe binne wie dan terugge;
'n kop wat gries, wat krom de rugge,
en ie probeert 'n olden weg weer op te goan
Um zo de leste joar'n neet gans alleene te stoan.

Dat völt neet met, ie bint oet ut lood,
De leu, dee'j vrogger kenn'n, bint vaake weg of dood.
En deet er wal bint, stoat ech neet op oe te wacht'n.
Ze kent oe neet, ie bint ja vrömd; wat kö'j verwacht'n?

En dan in één keer is doar onverwachts ne man
Den nööst oe steet; den helpt; doar kö'j op an.
Hee haalt oe deur 't argste hen oft heel gewoon is wat e döt
En regelt al dee kleine dinge woa'j de weg veur kenn'n möt.

Ik vroage ut neet veur mie, zegge e zo hêenig weg,
Moar mien kameroad hier kent nog neet zo good de weg.
Het gemood schot mie vol, ik kreeg ut ech te kwoad,
Joar'nlang ha'j wal is ne kennis, moar nooit ha'j ne kameroad.

20

JAN HULSEGGE

Waandel'n

Ik waandel'n gister'n wat op 'n barg.
De zunne scheen warm deur de beume
En dan dech een mens toch zonder arg
't Is net ok alles dreume.

Ut rook heel zeute na rottend blad.
De blaâ waar'n gel en rood en anevrett'n.
A'j dat zo zeet dan denk ie dat
Het veurjoar helemoal is vergett'n.

De paddesteule ston'n der nog fris bie
Het strakke petje vol met kleure,
Maar met 'n paar daage is't veurbie
Dan steet de winter voor de deure.

Ik dach toen an mien eigen harfst
De mooiste daage van mien leev'n.
Dee stilte dee soms good kan doon
Dat kon ie vrogger nee beleev'n.

En dan denk ie: wat he'k bereikt, wat wi'k nog doon,
Wat is de zin van dit geknooi?
Misschien maakt dan aanvaarding en ut geleuf in God,
Pas ech dit leev'n mooi.

ALARM

Waar is het brugske in de Meene...

Waar is het Zwembad...

Waar is de danszaal van de Zon...

Waar is het grote gat...

Waar is de Bokse...

Waar is het badhuis...

Waar is...

Waar is mijn jeugd gebleven?

JAN HULSEGGE

Herdenken

Ik had het voorrecht op 't Schild in Goor vlak achter de steen met plaquette te staan toen de grote groep, uit de kerk komend, zich opmaakte voor de stille tocht naar het herdenkingsmonument. Maar eerst moest een Poolse veteraan nog bloemen leggen voor de plaquette. Voor mij was dat het meest aangrijpende deel van de avond. Deze oude man - hij moet over de negentig zijn geweest - was duidelijk geëmotioneerd. Een mevrouw - mogelijk zijn dochter of kleindochter - ondersteunde hem. Je zag op zijn gezicht dat hij zijn vrienden, die deel hadden uitgemaakt van zijn tankbemanning, vlak bij hem waren. Toen na enige aarzeling de bloemen werden aangereikt, wilde hij die op de steen leggen. Maar de mevrouw wilde ze hem afpakken om ze voor de steen te leggen. De blik, waarmee hij haar terugwees, had haar in een zoutpilaar kunnen veranderen. Moeizaam bukte hij zich en legde de bloemen op de juiste plaats. Overeind komen was alleen mogelijk met hulp van de mevrouw.

Samen met zijn begeleidster en twee jonge vrouwen zette hij met overgave het Poolse volkslied in. Ik heb er natuurlijk geen woord van verstaan, maar hij zette bijna alleen ook het tweede couplet in. De drie vrouwen vielen spontaan in en met een van emotie vertrokken gezicht zong deze oude oorlogsheld de longen uit zijn lijf.

Nooit ben ik meer doordrongen geweest van de waarde van onze vrijheid. In de oorlog was ik nog een kind en heb dus toen nooit de verschrikkingen echt begrepen.

Maar toen deze man zijn vrienden eerde met het volkslied, besefte ik ineens dat hij en later wij bij het monument onze nationale liederen nooit hadden kunnen zingen als - onder welke vorm ook - we nog onder een dictatuur zouden leven.

Ik denk wel eens dat we onze vrijheid als te vanzelfsprekend aanvaarden. Laten we alert blijven. De dictatuur en het terrorisme staan op de deur te kloppen. Het is verstandig om niet open te doen.

Zo gingen wij op vakantie

Het is niet ongewoon dat jonge kinderen meegenomen worden in het vliegtuig naar een zuidelijke bestemming. Soms zelfs verder weg. Ze overnachten dan in één van de prachtige bungalows van de vele bungalowparken die er te vinden zijn met zwembaden en speeltuinen.

Zo gingen wij vroeger op vakantie. Vader had zijn bus die voor de bouw werd gebruikt zo goed als het kon schoongemaakt, maar het rook nog naar een onbepaalde geur van cement dat op de bodem was blijven liggen. Hij zette een paar planken achterin de bus, waar zeven kinderen op moesten zitten. Daaroverheen een kleed.

Voordat we instapten zei hij: "als ik in Duitsland word aangehouden door de politie dan moeten een paar onder de planken schuilen."

In die tijd was ook al een beperkt aantal personen in een auto of bestelbus verplicht, vanwege veiligheid. Het is een keer gebeurd en het toegestane aantal personen in de bus bleek te kloppen.

We gingen naar het Roergebied. We kwamen laat in de middag aan op een zomerse dag. Vader had er geen zin in om kampeergeld te betalen, dus reed hij zo diep mogelijk het bos in. Daar werd een grote tent neergezet. Het leek op een donkergroene legertent waar wij, op een dun schuimmatrasje, met zijn allen moesten slapen. Moeder had kannen met koffie bij zich en ranja. Ook een voorraad eten. Ons wassen deden we in een beekje helder stromend water verderop in het bos. Ik herinner me nog dat toen we uitstapten, na voor mijn gevoel een lange reis om een vakantiebestemming te bereiken, ik allereerst om me heen keek. Er was wat zand, bomen, struiken en verder helemaal niets. Gelukkig had iemand een bal en badminton rackets met pluimpjes meegenomen. We hebben er goed kunnen slapen, geen boswachter gezien. En we waren in het buitenland geweest.

Bij het monument voor Bert Haanstra
(Goor)

Zo vanzelfsprekend wonderlijk
als de karaf van tijd nooit leeg raakt,
zo wonderlijk vanzelfsprekend
als aarde almaar om zijn as draait
in steeds anders tuimelend licht
en deze filmer in een spanne
van decennia zijn ogen uitkeek
aan de wereld, die shot voor shot
vastlegde zodat geen streling
liefde, geen spatje water, nee
zelfs geen haar van mens of dier
verloren raken kon, zo glijden wij
nu bij het kijken naar al dat door hem
bezworen licht terug naar toen,
hervinden diepte in het manna
van herinneringen: monumentale
schoonheid van opgedoekte tijd –

HANNIE ROUWELER

Dansschool Reiners
(Goor, jaren zestig)

Chachacha, de Rumba, Foxtrot, Salsa,
we keken door de ramen
zagen mensen
in rijen heen en weer schuiven
op een steeds sneller ritme van de muziek.
De meeste meiden hadden hun haar
getoupeerd,
en droegen strikjes op een lint,
de rokken wijd en net boven de knie,
we gierden het uit.

Wij, ik met mijn vriendinnen Maria, Ineke,
Sietske, droegen bloemetjesbroeken gaten
in spijkerbroeken
opgevuld met lappen, kleurrijke borduursteken.
Voor ons bestond alleen maar
harde rock, heart en soul,
de geluidsboxen stonden altijd hoog,
op volle kracht.

Toch vind ik het jammer, soms, nooit
die fraaie dansstappen
te hebben geleerd. Maar ach, wat moet ik
ermee. Nu.
Met benen
intussen nogal stroef en stram.
En bovendien:
Ik dans nog steeds graag alleen.

AMY DE LA HAYE

Mosquito's boven Goor

Laag vliegend over Goor
met de zon in de rug
alsof ze nog éénmaal als afscheidsgroet
de bomen wilden beroeren
voordat de stilte in het dorp bevroor.

Laag vlogen ze, geallieerden
met als leidraad het kanaal naar Twente
spoorwegknooppunt Hengelo en fabrieken als doel
met precisiebombardementen
waarmee ze met de bezetter concurreerden.

HANNIE ROUWELER

AAN DE DELDENSESTRAAT

In deze straat waar dichterlijke beeldspraak
al jong geboren werd in kraambedden

van weemoed en verlangen, staat
een paradox aan de wieg van het kind dat nog

gezoogd wordt. Verderop, achter een raam,
slaat een vader weer de bijbel open en parabels

verdwijnen in neergestreken tijd op het zondagse
tafelblad. Een oude pendule tikt nog dwars

door een tuin. Geen jonge appelbomen langs
de weg, maar in een berm narcissen schijnbaar

trots en onaangeroerd. Goden zwijgen en
woorden doen er steeds meer het zwijgen toe

als de dichter zijn pen oppakt, zich spiegelt in
het glas van zijn jeugd. De kus teder op de

huid van zijn geliefde herinnert aan de geur
van een bloem die hij allang vergeten was.

Noot: met 'verderop' en 'de bijbel' wordt verwezen naar het geboortehuis van
de dichter Rutger Kopland (Rudi van de Hoofdakker) die eveneens op de
Deldensestraat in Goor geboren is. Hij woonde er zeven jaar.

AMY DE LA HAYE

FOEKEPOTTEN

Nog maar net bijgekomen van de Sinterklaas en kerst kriebels keken wij, kinderen opgroeiend in het toen nog Zeeuwse dorpje Tholen, alweer uit naar het rommelpotten. Op Oudejaarsdag langs de deuren om de dorpsbewoners een goed nieuwjaar te wensen, liedjes zingen en beloond worden met kleingeld en snoep dat is waar het allemaal om draaide.

In vervlogen tijden was de rommel- of koenckelpot zoals deze in Zeeland genoemd wordt of foekepot in Goor een traditionele vorm van muziek maken die in veel plaatsen in Nederland werd beoefend. In sommige provincies wordt het feest op de dinsdag van het carnaval afgesloten met het foekepotten. Maar zoals in verschillende andere provincies stonden wij in Zeeland op oudejaarsdag klaar voor de tocht langs de deuren met de rommelpot in onze handen en zongen we luidkeels drie liedjes; Klein Zieltje, het Schipperslied en een bedank-liedje.

De foekepot is een muziekinstrument die in de 17de eeuw al op schilderijen van Frans Hals en Jan Steen te aanschouwen was. Niet alleen in Nederland maar ook in andere landen over de hele wereld zoals Hongarije, België en Portugal werden soortgelijke instrumenten aangetroffen. Uit het boek: De Oude tijd van J. ter Gouw (1871) wordt uitgelegd dat het woord 'foeken' stoten betekent. De foekepot is een 'eigen-stoot-pot' waarmee de kinderen der armen bij gebrek aan beter op Vastenavond langs de huizen aanklopten van meer gegoede land-bewoners. Zij zouden daarbij dezelfde bedoeling hebben als de orgel-draaiers in de steden waarbij ze bijzonder gekleed gingen en veel vrolijkheid brachten.

De Oudhollandse rommel- of foekepot werd gemaakt van een aardewerken pot, meestal een Keulse pot met een stuk varkensblaas erover gespannen die schoongemaakt, opgeblazen en enkele weken te drogen had gehangen. Daarna werden de varkensblazen weer nat gemaakt om het spannen over de pot makkelijker te maken. In het midden van de varkensblaas stak men een rietstengel (later bamboe-stokje) die vervolgens stevig werd vastgeknoopt.

Ook de blaas moest goed strak om de rand van de pot worden geknoopt. Het stokje dat rechtop dient te staan in de pot werd soms met hars ingesmeerd. Maar ook door met een natte hand of een natte doek het stokje op en neer te schuiven werd de varkensblaas in trilling gebracht. Hierdoor ontstond een typisch brommen foekepottengeluid. We rommelden en zongen erop los.

Gelukkig is de foekepottraditie nog geen verlopende oudejaarsfolklore maar in de loop der tijd is deze wel in een hedendaags jasje gehesen. De varkensblaas is nagenoeg verdwenen. Een strak plastic vel of zelfs een stuk stevige plastic zak kan als membraam al dienstdoen. Ook het conservenblik blijkt een goede vervanger. Tegenwoordig zie je zelf bijzondere varianten op de rommelpot. De kinderen van vandaag de dag zijn niet voor een gat te vangen als het gaat om het binnen halen van een extra zakcentje. Al moeten ze met een Remia frietemmertje op pad als een conservenblik niet voorradig blijkt.
Om de traditie te behouden wordt er ieder jaar in Tholen nog een Rommelpotfestival gehouden. Maar ook in Goor rommelt de pot gelukkig nog in deze tijd. Stichting Kindvriendelijk Goor opgericht in 1992 door de heer Edu Hoek inmiddels gepensioneerd maar nog altijd de stille drijfveer achter deze Stichting met dochter Ellen Hoek als opvolger hebben een belangrijk aandeel in het standhouden van deze Goorse traditie. Ieder jaar rond half november worden, jawel nog echte varkensblazen geprepareerd door de vrijwilligers van deze Stichting. Tijdens een winterse koopzondag in december staan de grondleggers en vrijwilligers in een stent om de kinderen te helpen met het maken van een originele foekepot. Ruim tien jaar geleden liepen ze nog met enkele honderden kinderen achter een fanfare door de straten van Goor. Dit jaar hebben toch nog bijna zeventig kinderen zich aangemeld voor het maken van een foekepot. Wel met een beetje hulp want de meeste kinderen vinden het toch wel een vies werkje.
En dan is het eindelijk oudejaarsdag. De kinderen beginnen bij de bejaardentehuizen met foekepotten. De Goorse ouderen van dagen zingen naar hartenlust mee met de kinderen die allemaal mooi verkleed zijn. Daarna gaan de kinderen richting het centrum waar ze zich verzamelen bij culturele instelling ´De Reggehof´. Daar wordt jaarlijks een prijs uitgereikt voor degene die zich het mooist verkleed heeft.

Uiteindelijk trekken de kinderen net zoals ik dat vroeger deed door de straten van Goor om de mensen met hun liedjes te bewegen Klein Zieltje iets te geven.

Rommelpot-liedje Zeeland:

Klein zieltje, klein zieltje, zat achter de trap,
Klein zieltje, klein zieltje, die lustte geen pap.
En als je geen pap lust, dan eet je maar brie,
en als je geen brie lust, dan eet je maar nie.
't Ouwe jaer uut, 't nieuwe jaer in,
m'n busje staet open en goai dae wat in.
Ou wat, geef wat, 't kommende jaere alweer wat.

En ik heb zo lang
met de koenckelpot gelopen
vrouwtje doe je deur eens open
schipper trek je zeil eens op
gooi wat in mijn koenckelpot
Alle bakkerij, alle bakkerij,
geef me een centje,
dan ga´k voorbij,
dubbeltje op de planke,
´k zal j´r ervoor bedanke
pief, paf, spaar,
morgen is het nieuwe jaar.
Ouwe jaar uit, nieuwe jaar in,
de bozze staat open,
en steek er maar wat in.

Foekepotten-liedje Goor:

Foekepotterij, Foekepotterij
Geef me een centje, dan ga ik weer voorbij
Ik heb geen geld om een broodje te kopen
Daarom moet ik met de foekepot lopen
Foekepotterij, Foekepotterij
Geef me een centje, dan ga ik weer voorbij

HANNIE ROUWELER

MOLEN

De wieken draaien door

de wieken draaien door

in Goor

bij de molen draaien de wieken

alsmaar door.

Alles in Goor

draait altijd door

zoals de wieken van de molen.

Wat ik leerde in Goor

Ik groeide op in de Whee
Dat het mij herinnerde aan het woord wee snapte ik later pas
Als bijvoorbeeld heimwee mijn terug droeg in een trein
Ik stond hier ooit op de rails te verlangen
Richting Lochem
Naar de toekomst buiten deze stad
Elke spoorboom sloot
En ik blies al stoom voor vertrek
Waande mij trein
Verdroeg geen moeders meer met stoplichten
Groeistuipen botsten wel vaker met de muren van een thuis

Ik ben nu terug
Overal zie ik de moeders van-
Die nu vermoedelijk oma's zijn-
Maar de kinderen zijn al lang gevlogen

Het thuis stulpt weelderig onder mij vandaan
Ik herken steeds minder
Mijn ouders brengen vannacht geduldig mijn wortels naar bed
Lezen nog een kind
Onder een Puntdak
Nu ik op bezoek
Hoor ik overleden honden en buren nog door mijn straat

Moerassig was het hier
Ik herinner vlotten om te leren drijven in betekenissen
En hutten in verweer
Kikkers wilden niet gevangen
De Regge hervond zichzelf
En leerde weer meanderen net als ik
Leemkuilen leerden ons van diepte
De Markelose berg leerde ons van klimmen
(En kramp)
En waar mijn passen lagen draag
Ik het zand nog onder mijn voeten

De ijsbaan als een rotonde in de tijd
Als het cassettebandje dat jaren werd herhaald op de groeven van mijn
vaders Noren
En ik poets mijn huis nog steeds met chloor omdat het mij aan het
zwembad doet denken
Knikkeren, voetballen, bomen klimmen
Thuiskomen als het donker werd

Leerde van afscheid in de Stoevelaar
Leerde dansen in de zon
Verliefd worden in de ster
Kortom ik leerde van een zonnestelsel

Tenslotte leerde ik bier gooien in tenten als laatste doop
Voor ik vertrok

Ik draag nu Goor nog in mij
Moerassig soms
Dan weer als een zandloper
Of een kind op zoek naar wortels
Of stomend van ongeduld

Soms op handen
Soms op voeten
Met bloed van bier
Of leem

RENEE LUTH

Pad
(over een vriendin van 90 die in huize Scherpenzeel woonde)

tussen het spoor en de snelweg
stonden hutten
waar de wereld vast kon worden uitgeprobeerd bermen vol
fluitenkruid
die het zandpad omarmden in haar stoffige roest muggen speelden
rondom mijn korte kinderbenen
alsof de zon onderging
of de mist al op kwam zetten
ik liep daar met haar
zo oud dat haar voeten
eigen voetstappen alvast uitveegden
en muggen zich niet in haar doolhof van rimpels waagden schaduwen
kleefden aan haar huid
ik liep daar met haar
naast de moddersloot
die mijn eerste schepnetjes en schaatsen droeg
emmers vol koppen
en staarten van verhalen
maar ik liep daar met haar
ze was zo paars als anderen grijs
knipte stiekem de krullen uit haar haren
en hield papegaaien, poedels en pauwenveren omdat het niet mocht
in dat gebleekte huis
ik liep daar met haar
als ze het schimmenrijk ontvluchtte jonge eendjes volgden haar op de
voet omdat ze de noodzaak van haar stappen en het brood
voelden

zij vertelde me de namen van dingen wees me op de lengte van tijd
en hoe je schaduwen kon uitwringen hoe je nesten bouwt in
alles dat bijt
nu het spoor mij twintig jaar later terugbrengt vind ik langgerekte
schaduwen achter mij paars water
bleker geworden huizen
en vreemde eenden in de bijt

RENEE LUTH

Erf dat bijt
(ik werd altijd achterna gezeten door honden op mijn fietstocht naar Rijssen)

Als mijn huid van gras zich jou weer herinnert
Wanneer duizend mollen in ons woelen
Gangen weer worden omgebogen in toenadering
En we aarde spuwen tegen al dit
Blootgelegde vergeten
Mestkevers rollen de dag weg
Monden happen naar elkaar
Alsof we elkaar voeren
In plaats van vreten
We zijn hongerige honden
Dwalend zonder hokken
Bekentenissen trekken aan ons als riemen
Terug naar onze lijven
Beelden van onze dierlijkheid komen terug
We waren vachten kwijtgeraakt in onze pogingen mens te spelen
We zoeken elkaar in deze ontkenning van verdwaald zijn
Binnen hetzelfde erf
Jaloers wanneer we blaffen naar vreemden

Naïef

Dat we dachten dat er nog iets bestond als onverschilligheid
Dat we de takken naar de daken brachten omdat we dachten dat ze
wilden strelen
Dat we de maan een krater gaven zodat ze diepte kreeg
Zodat we iets hadden dat terugkeek
Vanuit het donker
Dat we vermoedden dat de lantaarns
Nu speciaal voor ons waren uitgegaan
Zodat het donker minder opviel
Dat de regen aanstond als een cliché
En de sterren betekenissen werden toebedeeld
Hier leken de echo's van de stad sprookjes
In dit dorp
Geloofde ik de vogels
Een stem struikelde over een drempel
En mijn toebehoren viel stuk

Maar het gras groeit door
Als tandjes van tijd
Een maar verlegt haar bedding traag
In de hoop dat het stromen ooit niet meer zal schuren

RENEE LUTH

Terugkeer

Zoals de kraan druppelt
Op deze bliktrommel
De verwarming schommelt
Als een speeltuin
Hier waaieren de tanden die wij net hebben gelegd
In een poging tot vriendschap
En telkens als ik denk dat ik een moeder proef
Blijkt het een hap zeep, zand of lucht
In deze Katapult werpt een blik zich terug
Over muren en door ramen
Gesmolten teerlingen duiken over barricaden
Tot blinde ogen
Knikkeren in
Gesmolten gezichten nu ze grijs zijn geworden
En uit zijn gedijt
Het vet heeft een eigen relativiteitstheorie
Vormt gordijnen voor wie we waren
De stad heeft haar onder de oksels
Baarden om de oude kroegen geslagen
Is kaal rond de schoolpleinen
Zweterig houden de straten het uitbuikende asfalt in
Tot we voorbij zijn
De haan die kraaide
bleek van een startpistool
Alles is krapper nu
Spinrag klimt over ons huis als mist
We knappen uit oude slaapkamers als ballonnen

Overleden ouders dragen nieuw behang en deuren aan
Ze fluisteren bij elke windvlaag
Dat we hier toch nog horen
Ook al zien we hoe de wijk weg zinkt
Een atlantis in vreemd vlees wordt
Met koekoekskinderen in onze tuinen
Het gras discussieert onverstoorbaar door met het mos
Wie het hardst mag groeien
nieuwe brievenbussen slikken post met nieuwe namen
Een hut in de tuin verbergt onze geheimen tussen de bramen
Vergeten schoenen in de schuur lopen met ons mee
Weg van de verandering
De geest van onze hond kwispelt zachtjes bij aankomst
En vertrek

FRANS A. BROCATUS

Een vrouw op een perron

De knopen op de jassen van de drie stationschefs,
die naast elkaar op een bank op het perron zitten,
lijken blinkende geldstukken uit een vorige eeuw.
Achter de goedlachse mannen hangt een poster

met daarop een vrouw in badkleding. Vanaf een
strand schuift haar blik over de conducteurspetten.
Het is 9.32 u. Achter mij het knarsen van staal op
staal. Een trein komt piepend tot stilstand. Ik zie je

als eerste de treeplank afstappen. Je stuurt me een
glossy glimlach. Ik draai me om en zie dat de mannen
verdwenen zijn en dat op de plek waar de poster hing
nu in een krullerige lijst een vierkante spiegel schittert.

Ik stel mijn blik scherp, zie je naderen in de spiegel,
traag beweeg je je hoofd naar links en ineens herken ik
je als de vrouw op de poster. Ik keer me om en zie dat
het perron leeg is.

MATTIE GOEDEGEBUUR

Borgleen Oyleydamme

Summiere erfenis van laat middeleeuws
leven is blootgelegd in Kevelhammerhoek:
aardewerk en gebrandschilderd glas.
Afkomstig van een borchmanswoning
of een spieker in vakwerk gebouwd.
Gepacht voor vijf mud vlas en granen,
honnich, hoenders en een vercken.

Jonkvrouwen hanteerden de scepter,
als zij hun vertrekken betraden.
Op de havezathe Olijdam,
hoorde men hun ruisende gewaden.
Door het musket en het blanke staal
werd een familievete beslecht,
vrouwe van Wisch werd gefolterd.

In het lage moeras van het Reggedal
woedde een korte felle strijd tussen
het Spaanse staatsleger en de geuzen.
Op hun strategische terugtocht
zette men kerk en toren in lichterlaaie
verschanste zich op Scharpenzeel
huis en have-zathe gaan in vlammen op.

MATTIE GOEDEGEBUUR

Weldammerlaan

Met bloedrode handen
finger-licking good
plukken wij vossebessen,
lopen met mondenvol
langs geurende struiken,
springen neuriënd
over konijneholen.

Weelderige groene velden
omzoomd door fris kastanjeblad
maken plaats voor
rijen aaneengesloten
rhodondendrons,
welbekend buitenbehang
voor paleizen en kastelen.

Net opduikend boven
een muur met steunberen
een goedbewaakte woonstee.
Strak stalen smeedwerk en
een nieuwerwetse gracht
imposante landgoed
buiten ons bereik

wij slenteren door…

PAUL GELLINGS

GOOR MET KOPLAND, OOIT

Geluisterd tijdens een vorig leven
naar die hier geboren dichter
in een helverlichte teletijdmachine
station betoverd tot museum

nu vormen lege rails, grind en bielzen
voorgoed het enige spoor van toen
dat nog is terug te vinden
vergeefse uittreding dus

op deze winteravond tijden later
met gedachten vol verlangen die
uit mijn hoofd ontsnappen en achter
de coulissen ginds bij Hof van Twente

dwalen, zwerven, zoeken, vergeefs ja
want de kerk is verzonken in gepeins
de watertoren slaapt terwijl de haven
zwijgt over die lang vervlogen middag

met die hier geboren dichter
uren donker als de bodem van de tijd
ondanks het tl-licht in het zaaltje
en de stralenkransen rond

de roemers witte wijn die al naar
benzine voor de terugtocht smaakten
nee, geen traan op zijn gelaat
geen bloedverlies van doorgehakte

wortels, geen geur van gras of mest
uit een verloren paradijs, allemaal toeval
uiteindelijk, geen reden tot heimwee
behalve vanavond dan, onder mijn pen

BENNO DE GRAAF

Heeckeren

Waar ooit
in lang vervlogen tijden
het hoofd der school per fiets
geruisloos aan kwam rijden.
Waar toen
de zusters na een diepe buiging
het pad bewandelden
naar de Heer in volle overtuiging.
De Havezate
vertrekpunt richting algemeen nut,
waar beiden gedachtegoed en bezinning
menig keer hebben wakker geschud.
Zelfs nu
vormt zich op deze plek gestaag
een toevluchtsoord voor leerbaren
tot op de dag van vandaag.

GOORS VOLKSLIED

In 't centrum van mooi Twente ligt een knusse kleine stad
Waarvan eenieder die ze kent moet houden
Daar lossen broederlijk de mensen de problemen op
En ieder steekt z'n handen uit de mouwen
Hebt u 't nog niet door, natuurlijk dat is Goor

(refrein)
Goor met je bos en weiden tussen 't golvend graan
Met je mooie wandelwegen trek je ieder aan
Waar ik ook mag vertoeven jij blijft 't dierbaar pand
Goor is niet voor niets 't Twentse Haagje
Het is de ster van ons Twenteland

Waar vind je zulke bospartijen en waar zo'n prachtnatuur
Of 't zomer is of herfst of in de lente
Een goede raad: u richt, als u eens weer vakantie heeft
Uw schreden naar deez' parel van mooi Twente
Dan zingt u mee in koor: Er is toch maar een Goor

Jaarlijks wordt het School- en volksfeest 's zondag vlak na middernacht
afgesloten met het Goors Victorie.

Bio- en bibliografische gegevens

Marion Spronk (1943, Franeker), woonde zeven jaar in Goor, op dit moment in Assen. Zij zingt in woorden over de glans van het leven. De gedichten laten haar voortdurende verlangen zien naar de essentie van het bezielde, naar de bron los van de ruis van alledag. Sinds de jaren 2000 is het accent steeds meer komen te liggen op de "Ontmoeting". Daaronder verstaat ze de inspanningen om te komen tot verbinding tussen mensen, waarbij door uitwisseling van ervaringen nieuwe inspiratie kan ontstaan voor verdere creativiteit. In 1980 richtte zij Uitgeverij De Wilg op.

Ben Bos (geb. Goor, 1950) en **Hanneke Bos** (geb. Goor, 1956) zijn gehuwd, twee volwassen dochters. Ze woonden eerst in Amsterdam voordat ze in 1978 verhuisden naar Leusden, waar Ben werkte in de ICT branche tot aan zijn pensioenleeftijd. Ben heeft enkele sociale bezigheden in dit stadje, is betrokken o.a. bij het carnavalsfeest (Gouden Klomp te Leusden).
Hanneke heeft in een pottenbakkerij gewerkt om keramiek leren beschilderen. Ze is actief als kunstenaar en chinees schilderen is haar hobby. Vanaf 1989 25 jaar in de jury gezeten van het Goors School en Volksfeest!

Hannie Rouweler (Goor, 13 juni 1951) woont sinds eind 2012 in Leusden. Haar inspiratiebronnen zijn de natuur, de liefde, verlies, jeugdherinneringen en reizen. In 1988 debuteerde ze met Regendruppels op het water. Sindsdien zijn bijna 40 dichtbundels verschenen, waaronder ook bundels in vertaling (Pools, Roemeens, Spaans, Frans, Noors, Engels). Ze volgde vijf jaar de avondopleiding schilderen en kunstgeschiedenis, kunstacademie (België).
Ze publiceerde eveneens enkele verhalen (korte thrillers); is samensteller van diverse bloemlezingen en dichtbundels. Ze is lid van de Vlaamse vereniging van Letterkundigen.

Herman de Leeuw, geboren in Dendermonde (België), de Ros Beiaardstad. Studeerde er aan het Oscar Romerocollege en later aan het Koninklijk Conservatorium van Brussel dramaturgie en letterkunde. Werkte in het Christelijk Ziekenfonds als verbondssecretaris voor de beweging van gepensioneerden, nu Okra. Redactielid van Okramagazine en schrijft er vooral poëzie in. Nu zelf gepensioneerd en is actief in het cultuurcentrum van Dendermonde.

Jan Hulsegge (Goor, 1936): na studie scheikunde en korte loopbaan in Nederland bijna 20 jaar als hoofdscheikundige leiding gegeven aan een groot industrieel lab in België. Na een jaar USA terug naar Europa als VP van een management advies bureau. Carrière afgesloten als buitengewoon hoogleraar bedrijfskunde.
Schrijven, dichten en toneel (schrijven, vertalen, regisseren en spelen) als hobby. Eind 2017 debuutroman 'Pedro's Wraak'.

Inge Boulonois (Alkmaar, 1945) woont en werkt in Heerhugowaard.
Ze volgde haar opleiding tot beeldend kunstenaar aan de Academie Voor Beeldende Kunst Arnhem en voltooide later de studie kunstpsychologie. Sinds het nieuwe millennium schrijft ze gedichten. Van 2011 tot 2015 was ze stadsdichter van Heerhugowaard. Ze is medewerker van het Literaire e-zine Meander. Haar poëzie werd dikwijls bekroond.

Frans A. Brocatus (1957) publiceerde 7 gedichtenbundels, w.o. de trilogie Ruiters in regenblauw (1998), Kroonvuur (2002) en Het brood, de roos, de monnik (2009). Zijn gedichtenbundel "Navigamare" wordt geprezen om zijn grensverleggende omgang met taal. In 2014 debuteerde hij als romanschrijver met "Luna". Hij gaf poëziecursussen voor Creatief Schrijven en AuteursAtelier, Antwerpen. In 2018 verscheen bij Demer Press de Engelse vertaling van "Navigamare".

Selma Hoek (Goor, 27 december 1951) volgde na haar opleiding verpleegkunde een HBO opleiding aan de Sociale Academie De Horst in Driebergen. Daarna vervolgopleidingen in Nijmegen. Verder cursussen als trainer/coach en de ITIP. Voordat ze met pensioen ging was ze o.a. 35 jaar werkzaam in Het Dorp in Arnhem. In Goor is ze nauw betrokken bij het School en Volksfeest als bestuurslid.

Amy de La Haye (1967): sinds 1990 is de individu, maatschappelijke betrokkenheid, culturele diversiteit, emancipatie en ICT haar werkterrein. Ze werkte bij verschillende overheidsinstanties als ICT docent, onderwijsadviseur, cultureel werker en webredacteur. Als cultureel ondernemer is ze druk bezig met dichten, voordragen, (scenario)schrijven, filmen. 'Op de snijtafel van het leven' is haar debuutbundel (2016). Met Gerhard te Winkel publiceerde zij de duo-bundel 'Zomerzotjes' (2018).

Renée Luth (Goor, 1979) woonde vanaf haar 21e in Groningen, sinds 2016 in Haren. Ze publiceerde de bundels Pingpongtong (2011) en Preparaat (2016) en stond in meerdere bloemlezingen. Renée geeft lessen en lezingen poëzie en spoken binnen het basisonderwijs en voorgezet onderwijs, eveneens workshops of lezingen aan volwassenen en ouderen. Ze organiseert en presenteert culturele evenementen en geeft regie aan jongeren. Luth is eveneens kunstenaar, fotograaf en filmer.

Mattie Goedegebuur werkte als docente Engels op scholen waar leerlingen speciale aandacht nodig hebben; eveneens pedagoog, sociale vaardigheidstrainer, delinquente jongeren. Nu vnl. met mensen met psychiatrische problematiek. Zij spant zich in om harmonie te bewerkstelligen, verbroken relaties en onderling begrip te herstellen.
Ze publiceerde 5 dichtbundels, eveneens korte verhalen in 3 verhalenbundels.

Benno de Graaf (Groenlo, 1975) werkt als schoolleider op basisschool Heeckeren te Goor en woont zelf in Diepenheim. Hij leest graag en schrijft gedichten. Bij menig afscheid van collega's of leerlingen droeg hij gedichten voor. Zijn eerste bundel "Mijmeringen deel 1" is in 2018 uitgegeven. De gedichten gaan over ontmoetingen, ervaringen en herinneringen. Hij hoopt de lezer te raken en iets mee te geven. In 2019 komt "Mijmeringen deel 2" uit.

Paul Gellings (Amsterdam 1953) studeerde Frans in Groningen en Parijs. Hij vertaalde poëzie o.m. van Rutger Kopland voor de Parijse uitgeverij Gallimard en publiceerde zelf vijf Nederlandstalige dichtbundels waarvan de laatste Café Egidius. Ook verschenen acht romans; de jongste is De wereld als leugen. Hij is vast medewerker van La Revue Littéraire in Parijs, waarin zijn vertaling van Nijhoffs Awater recentelijk verscheen. Momenteel werkt hij op uitnodiging van het Nederlands Letterenfonds mee aan een Franse bloemlezing van hedendaagse Nederlandse poëzie.

Uitgaven van Demer Uitgeverij / Demer Press

Enkele titels:

Guy van Hoof, gesprekken met Willem M. Roggeman (2010)
Alle naden dicht, gedichten van Julie Goderis (2010)
Gewoon lekker – gedichten over de liefde en eros, groepsbundel (2010)
Langs wegen en omwegen, gedichten van Francis De Preter (2011)
Een verticale horizon, gedichten van Piet Brak (2011)
Blauwe Oogst, gedichten van Gijs Gellings (2011)
Over alles wat niet deugt, protestgedichten, groepsbundel (2011)
Spiegel van herinnering, gedichten van Paula Hagenaars (2011)
Een reis langs rood en wit, gedichten van Hannie Rouweler (2011)
Dieper in het glas, cocktailgedichten, Bernard de Coen (2011)
Strandjutter, De mooiste gedichten van Thierry Deleu, 1965-2010 (2011)
De aanhalingstekens van liefde en troost, gedichten van Jenny Dejager (2011)
Voor wie men knielt en opstaat, haiku's over beroemdheden, groepsbundel (2011)
Een veld van verwilderde rozen, hommage aan de kunstschilder en graficus
Willie Cools, groepsbundel (2011)
Avondluchten in Diepenbeek, gedichten van Hannie Rouweler (2011)
Rozentuin, klavierklanken, groepsbundel zes dichteressen (2012)
Spiegels, bakens, groepsbundel zes dichters (2012)
Gedichten over schilderijen van Jan Vanriet, groepsbundel (2012)
Van alles 1 + 1, Jubileumuitgave Demer Uitgeverij (2012)
Facebook en andere gedichten, groepsbundel (2012)
De tuinen van Thevenet, gedichten van Nicole Van Overstraeten (2012)
Fluohesjes & Andere Breekbaarheden, gedichten van Staf de Wilde (2012)
Kiezen of Dichten, 3 dichters uit Destelbergen (2012)
Duinglas, gedichten van Jenny Dejager (2012)
Ogenblik, gedichten van Aldert Jan van Dijk (2013)
De wandelende tijd, gedichten van Francis De Preter (2013)
Dan neem ik alles mee, gedichten t.g.v. 75[e] verjaardag, Guy Commerman (2013)
Acht dichteressen, Perpetuum Mobile, groepsbundel acht dichteressen van
Demer Uitgeverij (2013)
Hink-stap-sprong, essays over Haiku, Mark Meekers (2013)
SHIMIZU, zuiver water, lang gedicht van Joris Iven (2013)
Saturnus boven de Merwede, groepsbundel tien dichters (2013)
Oorsteentjes, Haiku/Senryu, Mark Meekers (2013)
Liber Amicorum, gedichten en bijdragen voor Joris Iven (2014)
Wolkentaal, gedichten van Gerhard te Winkel (2014)

Blauw Druifje, gedichten van Hannie Rouweler (2014)

De Hooglanden, gedichten over Schotland, groepsbundel (2014)

De Demer, gedichten over De Demer, groepsbundel (2014)

Het duister aan de andere kant, gedichten over oorlog, Gerhard te Winkel (2014)

Bloedmaan, gedichten van Geert Zomer (2015)

Je tikt er tegen en het zingt, gedichten over Gerrit Achterberg, samenstellers Gerhard te Winkel en Hannie Rouweler, groepsbundel (2015)

Een verre stem uit glazen droom, gedichten van Francis De Preter (2016)

Nachten in Valencia, korte thriller, Hannie Rouweler (2016)

Dageraad, gedichten van Hannie Rouweler (2016)

Souvenir van een vlucht, gedichten van Gerhard te Winkel en Lotte Dodion (2016)

Genoeg aan de sterren, gedichten van Hannie Rouweler (2016)

Lasnaden van de lach, gedichten van V.P.M. Bio (2017)

Een golfslag op vele oevers, Liber Amicorum, Frans A. Brocatus, 60 jaar (2017)

Good bye tot ziens, gedichten van Hannie Rouweler (2017)

Terug naar Goor, korte thriller, Hannie Rouweler (2017)

Vernietigingskampen, een verleden, Auschwitz, groepsbundel (2018)

Etalagepoppen, een verhaal, Hannie Rouweler (2018)

Saturnus boven de Vinkeveense plassen, tien dichters (2018)

Dus niet voor niets, gedichten van Hannie Rouweler (2018)

Rugzak in ruil voor een valies, tien Vlaamse dichters (2018)

Het ouderlijk huis / The parental home, tweetalig, kort proza, Hannie Rouweler (2018)

Zomerzotjes, gedichten van Amy de La Haye en Gerhard te Winkel (2018)

Schaduwspel, gedichten van Romain John van de Maele (2018)

Matjes en Vloerkleden, gedichten van Hannie Rouweler (2018)

Bevrijding, gedichten van Olivier Rieter (2018)

Goor in de bocht, schrijvers en dichters over Hof van Twente, groepsbundel (2019)